PROJET

D'UNE

CONSTITUTION NOUVELLE,

D'APRÈS LES BASES FONDAMENTALES

DE LA MONARCHIE FRANÇAISE,

ET L'ANALYSE COMPARÉE

DES PRINCIPES RÉGULATEURS DES LOIS

DE ROME ET DE L'ANGLETERRE;

POUR SERVIR DE RÉFUTATION AU PROJET DE CONSTITUTION PRÉSENTÉ PAR LE SÉNAT.

Hujus modi itàque legis antiquæ reverentiam et nos anteponi novitati legis censemus et sancimus.

Lib. 14. Cod. *de legitimis hæredibus.*

A BORDEAUX, DE L'IMPRIMERIE DE SIMARD,
PLACE ROYALE, N.° 12.

MAI. — 1814.

AVERTISSEMENT.

L'auteur a eu l'honneur d'adresser ce travail, manuscrit, le 23 Avril dernier, à S. A. R. Monsieur, frère du Roi. Il en a déposé le 29 du même mois une seconde copie dans les bureaux de Monsieur le Préfet de la Gironde, à l'effet d'obtenir *le permis d'imprimer*.

Ce qui a été accordé par Monsieur le Directeur général de l'imprimerie, le 23 Mai suivant.

Observations préliminaires.

Les anciennes lois françaises, dictées par la sagesse, fondées sur l'expérience, adoptées dans le concours heureux du Monarque, des Princes, des Magistrats et du Peuple, ont assuré, pendant des siècles, la gloire et la prospérité de la patrie.

Des mains sacrilèges ont osé profaner ce monument auguste : nous le reconnaissons tous ; et cependant, au lieu de rentrer dans cette route de vérité, dont l'abandon a été vengé sur nous par de si longues et de si cruelles infortunes, nos yeux se ferment encore à la lumière, nos cœurs à la reconnaissance, nos consciences au sentiment intime de nos devoirs.

Les lois fondamentales de l'Etat s'opposent à l'acceptation d'aucune Constitution nouvelle ; la prudence la rejette, la raison la désapprouve.

Est-il en effet aucune autorité sur

la terre qui ait le pouvoir de détruire la loi fondamentale du Royaume? N'y aurait-il pas de la témérité à adopter de nouvelles lois dont toute la prévoyance humaine ne saurait calculer ni les bienfaits, ni les inconvéniens (1)? Et, supposer que des hommes aient la capacité, par le seul mouvement de la pensée, de produire tout-à-coup une Constitution, n'est-ce pas le dernier degré de la présomption et du délire?

Pénétré de ces vérités, au lieu de me lancer dans la mer orageuse des conceptions d'une politique incertaine, j'ai réuni les matériaux épars de notre ancienne législation; je les ai classés dans l'ordre qui m'a paru le plus convenable à la marche naturelle des idées, et j'ai cherché à justifier, par de puissantes autorités, les innovations qui paraissent généralement désirées.

Je n'ai point cru devoir faire figurer

---

(1) Omnis reipublicæ status ac formæ mutatio multa secum iucommoda trahit, ac proindè periculosa est, subditis molesta, ac seditionum et rebellionum occasionem præbet. Tucyd., l. 8, de Atheniensibus in oligarchiam mutantibus.

dans mon travail, ce qui concerne : *le maintien des Sénateurs titulaires, la conservation de la nouvelle noblesse, la Légion d'honneur, l'amnistie générale pour les erreurs et les délits politiques de la Révolution, la maintenue des ventes des Domaines nationaux, le payement de la dette publique, la conservation des pensions et des honneurs militaires*, etc., etc., etc. C'est à la clémence, à la générosité et à la munificence du Monarque, qu'il appartient exclusivement de prononcer sur ces matières, par la voie des *lettres-patentes*, des *chartes* et des *rescripts*.

Quel que soit le jugement que mes compatriotes porteront sur le travail que je soumets en ce moment, j'ose espérer qu'ils approuveront mon zèle et mes principes. Que je serais heureux si, après avoir lu et médité cet écrit, ils s'écriaient unanimement : *Reprenons nos mœurs, nos lois et nos chefs ; redevenons Français, et, par cette noble expiation, méritons de goûter le bonheur dont jouissaient nos ancêtres !*

PROJET
D'UNE CONSTITUTION NOUVELLE.

Du Gouvernement.

Article premier. Le Gouvernement est monarchique.

II. La couronne est héréditaire de mâle en mâle (*a*) par ordre de primogéniture.

III. Les femmes (*b*), les enfans naturels (*c*) et les individus qui ne sont pas nés de parens français, ne peuvent ni succéder au trône, ni l'occuper.

IV. Le Roi tient de Dieu seul le sceptre et la couronne (*d*).

(*a*) Franci,..... optimè vitam suam instituentes,..... filii patribus in regnum succedunt. V. les écrits d'Agathias, l. 1 et 2.

Apud D. Bouquet, tom. 2, p. 48, 51, 71 : hæredes tamèn successoresque sui cuique liberi. Tacit., de *mor. Germ.*

(*b*) Loi salique, ou plutôt son interprétation, car elle n'a jamais porté cette exclusion. Mais la disposition n'en doit pas moins être conservée suivant cet axiome :
« Longa consuetudo pro lege habetur, lex autem est
» constitutio scripta, mos est vetustate probata consuc-
» tudo sive lex non scripta : nàm lex à legendo vocata,
» quià scripta est. » V. préambule de l'ancienne rédaction de la loi salique d'Eccard, p. 8 : et d'après la loi suivante : A declamatoribus vel causidicis qui nec judi-

cium scabiniorum adquiescere nec blasphemare volunt, antiqua consuetudo servetur. Baluze, tom. 1, p. 425, 436, 755, 833, Capitul. de Charlemagne.

La loi salique, tit. 62, et la loi des Bourguignons, tit. 1, § 3, tit. 14, § 1 et tit. 51, se contentaient de refuser aux filles le droit de succéder aux terres avec leurs frères.

Honestiùs maribus principibus quàm feminis, quantumvìs egregiis paretur. Tacit. hist., lib. 5.

(c) Marculphi, form., art. 52; Aimoin, c. 94, l. 3, p. 147; Greg. Turonn., continuat. Fredegarii, l. 11, c. 36. L'édit de 1717, hist. de France, par Daniel, tom. 1, p. 1014.

(d) Commoda quibus utimur, lucemque quâ fruimur, spiritumque quem ducimus, à Deo nobis dari atque impartiri videmus. Cic., *de off*.

Deo nihil quod quidèm in terris fiat, acceptius est quam concilia, cœtusque hominum, jure societatis, quæ civitates appellantur. Cic., 3 *de leg*.

Et stabit et pascet in fortitudine Domini : in sublimitate nominis Domini Dei sui. Proph. Michææ, 5, 5.

Ego feci terram et hominem et jumenta quæ sunt super faciem terræ in fortitudine meâ magnâ et in brachio meo extento; et dedi eam ei qui placuit in oculis meis. Jer., 27, 5.

Audite ergo, Reges, et intelligite.... quoniam data est à Domino potestas vobis et virtus ab Altissimo. Lib. Sapientiæ, cap. 4.

S'il est un état difficile et dangereux, c'est celui de ceux qui sont appelés à gouverner les autres : il faut qu'ils soient sans cesse occupés de ce qu'ils se doivent à eux-mêmes et de ce qu'ils doivent à leurs sujets, s'ils veulent se rendre dignes du rang qu'ils occupent, et dont ils ne sont redevables qu'à la bonté de Dieu. Marquis d'Argens., tom. 5, p. 2.

De la Religion de l'État.

V. La religion Catholique, Apostolique et Romaine est la religion de l'État (*a*).

Du Clergé.

VI. Le clergé est le dépositaire de la morale publique (*b*), de la vérité du dogme, de la pureté du culte (*c*).

De la Noblesse.

VII. La stabilité du trône, l'honneur des armes Françaises et l'indépendance nationale, sont sous la sauvegarde de la noblesse (*d*); elle est héréditaire.

(*a*) Nulla gens est tàm fera, quæ non, etiamsï ignoret, qualem deum habere deceat, tamèn habendum sciat. Cic., de Div., 105. Sit igitur hoc ab initio persuasum civibus, dominos esse omnium rerum ac moderatores deos ; eaque quæ geruntur, eorum geri vi, ditione ac numine ; eosdemque optimè de genere hominum mereri, et qualis quisque sit, quid agat, quid in se admittat, quâ mente, quâ pietate colat religionés intueri, piorum et impiorum habere rationem. His enìm rebus imbutæ mentes haud sanè abhorrebunt ab utili et à verâ sententiâ. Cic., de Leg., l. 2, 7.

(*b*) Le clergé a de tous temps tenu le premier rang dans l'Etat. V. ch. 25, l. 1, anc. loi des Français, par Hoüard, tom. 1, p. 201.

Nos ancêtres ont toujours été grands observateurs de la religion, et long-temps avant la venue de J.-C.

les Druïdes étaient leurs prêtres...... Il ne se formait aucune résolution que par leur avis...... Il ne faut donc pas s'étonner si, depuis que la vérité de l'évangile a fait connaître la sainteté du Christianisme en France, les prélats y ont conservé tant de prérogatives et de considération; ils ont été appelés dans les conseils des Rois, ils ont assisté à la décision des affaires les plus importantes, ils ont partout occupé les premiers rangs; on a déféré à leurs jugemens.... V. *Traité de la politique de France*, par M. P. H., marquis de C., p. 33.

(c) La sainte église Romaine, la mère, la nourrice et la maîtresse de toutes les églises, doit être consultée dans tous les doutes qui regardent la foi et les mœurs. Paroles d'Hincmar, archevêq. de Reims. V. œuvres de Bossuet, tom. 8, p. 524.

(d) On remarque trois sortes de noblesse : la première *du sang*, dont la source, cachée dans l'obscurité d'une longue suite d'années, ne saurait plus se découvrir; cette sorte de noblesse est la plus estimée parmi les hommes, d'autant que nous-mêmes nous l'appelons *vénérable*, et que nous avons une espèce de religion pour les choses qui nous en sont restées.... La *deuxième* espèce de noblesse est celle qui se fait par les charges et principaux emplois auxquels les lois ont attaché cette marque d'honneur, qui s'acquiert par les lettres du Prince, et qu'on appelle *lettres d'annoblissement*. Il n'appartient qu'au Roi de donner ces sortes de lettres..... Il n'appartient qu'à César de conserver les nobles : il n'appartient qu'au Roi d'*honorer de cette qualité les braves et vaillans sujets*. Id. q. s. p. 78.

De la Puissance publique.

VIII. La puissance publique appartient indivisiblement au Roi et au peuple (*a*).

IX. Le Roi a seul l'initiative des lois et de leur institution (*b*).

X. Le droit de la guerre et de la paix est partagé entre le Roi et le peuple (*c*).

(*a*) Hoc decretum est apud regem et principes ejus et apud cunctum populum christianum qui infra regnum mervvingorum consistunt. Prologue de l'ancienne rédaction de la loi salique. V. D. Bouquet, t. 4, p. 124.

(*b*) Une loi se fait par la constitution du Roi et le consentement du peuple. Capit. Carol. Calv., tom. 36, cap. 6, 8.

(*c*) Imperator... (anno 825) legatos Bulgarum circà medium maium Aquasgravi venire præcepit.... Habiturus ibidem conventum quem de Britanniâ regressus... indicaverat.... Annales d'Eginhard ; v. D. Bouquet, tom. 6, p. 185, Recueil des historiens des Gaules.

Organisation de la Puissance publique.

XI. Le Roi dirige l'administration intérieure et extérieure de l'État.

XII. Il confère suivant son bon plaisir les rangs, les dignités, les honneurs, les récompenses et les emplois.

XIII. La chambre du Sénat et celle des Députés des provinces représentent le peuple Français.

XIV. La chambre du Sénat examine, discute, accepte ou rejette les lois proposées par le Roi.

XV. Elle fait des remontrances sur les additions, augmentations et changemens dont elles sont susceptibles.

XVI. La chambre des Députés des provinces, en refusant d'accepter les lois qui leur sont renvoyées, en suspend l'exécution pendant trois ans.

XVII. Ce délai expiré, et ses représentations étant demeurées inutiles, les lois proposées ont lieu de plein droit.

XVIII. Le Roi réunit chaque année les assemblées générales du Sénat et des Députés des provinces (*a*).

(*a*) In Saxoniam (anno 782).... ut in Franciâ quo-

tannis solebat, generalem conventum censuit (Rex).
V. Annales d'Eginhard et D. Bouquet, tom. 5, p. 205.

« Le Corps législatif ne doit point s'assembler lui-même, car un Corps n'est censé avoir de volonté que lorsqu'il est assemblé; et s'il ne s'assemblait pas unanimement, on ne saurait dire quelle partie serait véritablement le Corps législatif, celle qui serait assemblée, ou celle qui ne le serait pas. Que s'il avait droit de se proroger lui-même, il pourrait arriver qu'il ne se prorogerait jamais; ce qui serait dangereux dans le cas où il voudrait attenter contre la puissance exécutrice. D'ailleurs il y a des temps plus convenables les uns que les autres pour l'assemblée du Corps législatif: il faut donc que ce soit la puissance exécutrice qui règle le temps de la tenue et de la durée de ces assemblées par rapport aux circonstances qu'elle connait. Esprit des lois, l. 11, ch. 7.

Du Roi.

XIX. Le Roi seul a le droit d'appeler à l'armée les individus nés Français (*a*);

XX. De convoquer et de séparer les assemblées du Sénat et des Députés des provinces (*b*), de proposer les lois, de faire grâce (*c*), de battre monnaie (*d*), de conférer la noblesse, de juger lui-même ou de faire juger les crimes contre l'État et la sûreté publique (*e*).

XXI. Les chambres du Sénat et celles des Députés des provinces, tous les tribunaux, ainsi que tous les membres du Corps entier du peuple sont incompétens pour juger, dégrader, punir et même blâmer le Roi (*f*).

(*a*) Mandat vobis.... stud'eatis vos fideles sanctæ matris ecclesiæ sui unanimes fieri....... ad resistendum inimicis et christiani nominis persecutoribus. Capit. Carol. Calv., de l'an 856, tit. 20', art. 5; Baluze, tom. 2, p. 85 et 86. Transacto vero anno (485), jussit Clodoveus omnes cum armorum apparatu ad venire phalangam, ostensurum in campo martio suorum armorum nitorem..... reliquos abscedere jubet. Greg. de Tours, l. 2, ch. 27.

(*b*) In Saxoniam.... (anno 782), et ibi ut in Francia quot annis solebat, generalem conventum censuit (Rex). V. Annales d'Eginhard, D. Bouquet, tom. 5, p. 205.

(*c*) Chilperico rege..... filius nascitur. Ex hoc jubet rex omnes...... Vinctos absolvi, compositionesque negligentum fisco debitas præcepit omninò non exigi. Greg. de Tours; v. D. Bouquet, tom. 2, p. 278.

(*d*) Quod in omni loco, in omni civitate et in omni emptuario similitèr vadant isti novi denarii et accipiantur ab omnibus. Si autèm nominis nostri numisma habent et mero sunt argento, plenitèr pensantes; si quis contradicit eos in ullo loco, in aliquo negotio emptionis vel venditionis, quindecim solidos componat ad opus regis. Cap. de Francfort, an 794, art. 3; v. Baluze, tom. 1, p. 264.

(*e*) Maximarum injuriarum judicium penès reges esto: minorum penès senatores. Lois de Romulus, art 23.

(*f*) V. Baluze, tom. 2, p. 99.

> Un fils ne s'arme point contre un coupable père:
> Il détourne les yeux, le plaint et le révère:
> Les droits des souverains sont-ils moins précieux?
> Nous sommes leurs sujets, leurs juges sont les dieux.
>
> VOLTAIRE.

Du Domaine de la Couronne.

XXII. Le domaine de la couronne est inaliénable, sauf le consentement de la chambre du Sénat et de celle des Députés des provinces (*a*).

―――――――――

(*a*) En Décembre 1576, Henri III convoqua les Etats à Blois. Il demanda deux millions d'or et déclara, sur le refus qui lui en fut fait, qu'il était résolu d'aliéner une partie des domaines de la couronne. Bodin remontra que le Roi n'en était que le simple usufruitier, que le droit commun et la loi fondamentale de l'Etat rendaient la chose absolument impossible.

Les Etats adoptèrent ce principe. V. Hist de Thou, trad. franç., t. 7, p. 467.

De la chambre Sénatoriale.

XXIII. La chambre du Sénat se compose de cent cinquante membres.

XXIV. Les Princes de la famille Royale, et les Princes du sang en font partie du moment de leur majorité.

XXV. Le surplus des membres est nommé par le Roi.

XXVI. La dignité de sénateur est inamovible.

XXVII. Le Sénat a la faculté de se former en comité secret ou de tenir ses séances publiques d'après la nature des communications que le Roi veut bien lui faire (a).

(a) V. Constitution d'Angleterre.

De la chambre Provinciale.

XXVIII. Le nombre des Députés des provinces est fixé dans la proportion de *deux* sur *cent mille ames* ; l'un est *titulaire*, l'autre est *suppléant*.

XXIX. Ils sont élus par les colléges électoraux formés d'après l'instruction donnée par le Roi.

XXX. La durée de leurs fonctions est de dix ans (*a*).

XXXI. Pour être Député de province, il faut être majeur, et né Français.

XXXII. Les séances de la chambre sont publiques à moins que le Roi n'ordonne qu'elle se forme en comité général.

(*a*) Cette méthode de renouveler les Députés par dixième a le double avantage de laisser à ceux qui font partie de la chambre, le temps de s'instruire du vrai système de la législation ; et de n'appeler qu'un petit nombre d'hommes nouveaux qui, en apportant des opinions nouvelles, ne seraient d'aucun danger, et serviraient à prémunir contre l'engourdissement moral de la puissance législative.

Disposition commune aux deux chambres.

XXXIII. Aucun des membres de l'une et de l'autre chambre, ne peut être arrêté et encore moins être mis en jugement, sans l'autorisation du corps auquel il appartient, et qui seul a le droit de le juger, si le délit qu'on lui impute offense les lois politiques (*a*).

XXXIV. En cas de vacance du trône, par l'extinction de la famille royale, le Sénat a seul le droit d'élire un souverain sur la liste des trois candidats qui lui sera présentée par la chambre provinciale.

(*a*) Les Grands sont toujours exposés à l'envie, et s'ils étaient jugés par le peuple, ils pourraient être en danger et ne jouiraient pas du privilége qu'a le moindre citoyen d'être jugé par ses pairs. *Esprit des lois*, liv. 11, ch. 6.

Des Ministres.

XXXV. Chaque acte du Gouvernement est signé par le Ministre chargé de son exécution spéciale.

XXXVI. Le Ministre devient par là personnellement responsable de ce que cet acte aurait d'attentatoire aux lois ainsi qu'à la liberté publique et individuelle (*a*).

Dans ce cas il est traduit en jugement sur la plainte portée à la chambre du Sénat, si cette chambre décide qu'il y a lieu à accusation, et nonobstant la grâce que le Roi pourrait lui accorder (*b*).

(*a*) L. du 29 Septembre 1789.
(*b*) « Aucun pardon scellé du grand sceau d'An-
» gleterre ne pourrait être opposé comme exception
» contre une accusation intentée par les communes as-
» semblées en Parlement ». Réfl. sur la Révol. Franç.,
par Edmond Burke, p. 51.

De la forme exécutoire des actes et des lois.

XXXVII. Pour être exécutoires, les lois et les actes auront pour titre ces mots: N........ par la grâce de Dieu, Roi de France, à tous présens et à venir, salut :

Et seront terminés par ceux-ci :

Mandons et ordonnons à nos amés et féaux, les gens tenant nos cours et tribunaux, et à tous dépositaires et agens de la force publique, de ramener et faire ramener les présentes à exécution, d'après toutes les voies de droit. Tel est notre bon plaisir.

Donné à.......... le........

De la liberté publique et individuelle.

XXXVIII. Tous les Français sont également admissibles à tous les emplois pubics (*a*).

XXXIX. Les propriétés particulières sont inviolables (*b*).

XL. La loi seule détermine les cas où, pour l'utilité publique, il est porté atteinte à la liberté individuelle.

XLI. Nul ne peut être distrait de ses juges naturels; chacun a le droit de plaider sa propre cause, de la faire plaider par un fondé de pouvoir (*c*), ou par un homme de loi.

XLII. La liberté des cultes et de la presse est garantie, sauf la répression légale des délits qui pourraient résulter des abus de cette liberté (*d*).

(*a*) Si la société est faite pour l'avantage de l'homme, chaque homme a droit à tous les avantages pour lesquels elle est faite. C'est une institution de bienfaisance, et la loi elle-même est une bienfaisance dirigée par une certaine règle. Réf. sur la Rév. F., par Burke, p. 118.

« L'esprit des lois politiques ou constitutives est
» que tous les membres de la société soient également
» soumis au devoir d'obéir en qualité de sujets, et
» que tous participent autant qu'il est possible au droit
» de commander en qualité de citoyens ».
Projet de déclaration des droits des citoyens, par William Pitt, adressé par celui-ci à l'assemblée constituante.

(*b*) Proprium suum et hæreditatem ubicumque fuerit cum honore et securitate secundum suam legem unusquisque possideat. Charte de Louis le Pieux, art. 9. Baluze, tom. 1, p. 576.

(*c*) On appelait *attournés volontaires*, les simples porteurs de procuration qui se chargeaient de plaider pour autrui. V. Ancienne cout. de Normandie, f.° 108, et Ancienne l. Franç., par Houard, t. 1, p. 274.

(*d*) Les Calmouks se font une affaire de conscience de souffrir toutes sortes de religions; à Calicut, c'est une maxime d'Etat que toute religion est bonne. V. Montesquieu, Esprit des lois, liv. 25, ch. 15.

Lorsque les lois d'un Etat ont cru devoir souffrir plusieurs religions, il faut qu'elles les obligent aussi à se tolérer entre elles..... Un citoyen ne satisfait pas aux lois, en se contentant de ne pas agiter le corps de l'Etat ; il faut encore qu'il ne trouble pas quelque citoyen que ce soit. Id. q. s., l. 25, ch. 9.

Voici le principe fondamental des lois politiques en fait de religion : quand on est maître dans un Etat de recevoir une nouvelle religion, ou de ne la pas recevoir, il ne faut pas l'y établir; quand elle y est établie, il faut la tolérer. Id. q. s., l. 25, ch. 10.

(*d*) Anne d'Autriche (mère de Louis XIV), disait à un libraire : Faites imprimer et ne craignez rien ; je protégerai toujours la vérité. Faites tant de honte aux vices, qu'il ne reste que de la vertu en France.

Henri IV ne voulut pas permettre la moindre poursuite contre l'auteur de la satyre intitulée, l'*isle des Hermaphrodites*. « *Je me ferais conscience*, dit-il, *de fâcher un homme pour avoir dit la vérité* ».

De l'ordre judiciaire.

XLIII. Les offices de judicature sont inamovibles, hors le cas de forfaiture (*a*).

XLIV. Aucun jugement ne peut être suspendu ni cassé, si ce n'est par l'autorité judiciaire supérieure au juge qui l'a porté, et d'après le mode consacré par la loi (*b*).

XLV. Tout jugement rendu contre l'équité et le texte précis de la loi est nul, quand même le Roi l'aurait exigé (*c*).

(*a*) Louis XI l'ordonna ainsi pour prévenir les abus de la puissance royale.

V. Loyseau, *des offices*, l. 5, ch. 4, n.° 70.

Traité du domaine, t. 3, p. 120, aux notes.

(*b*) Per hanc generalem auctoritatem...... jubemus ut in omnibus causis antiqui juris forma servetur et nulla sententia à quo libet judicum vim firmitatis obtineat quæ modum legis...... excedit. Const. génér. de Clotaire II, art. 1 jusqu'à 13. V. D. Bouquet, t. 4., p. 115 et 116. Si quis auctoritatem nostram subreptitiè contra legem elicuerit, fallendo principem non valebit. Id. q. s.

(*c*) Injustum judicium et definitio injusta *regio metu vel jussu* à judicibus ordinata, non valeat. Capit. V. Baluze, tom. 1, p. 910.

Des Impôts.

XLVI. Les impôts sont fixés chaque année d'après le tableau de recette et de dépenses de l'année précédente.

Ils ne peuvent être créés, augmentés et perçus qu'en vertu d'une loi adoptée par les deux chambres (*a*).

XLVII. L'impôt, étant une charge publique, doit être également réparti.

Personne, sous quel prétexte que ce soit, ne peut y être soustrait.

(*a*) Cette disposition était consacrée par les Etats que remplacent les deux chambres. V. Laroche, l. 13, ch. 9, p. 687.

Le 4 Juin 1577 les premiers états de Blois envoyèrent des députés au Roi de Navarre, avec commission de dire à ce Prince, *qu'il fallait que tous édits fussent vérifiés et comme contrôlés ès-cours de Parlement devant qu'ils obligent d'y obéir; lesquelles, combien qu'elles ne soient qu'une sorte de trois états raccourcie au petit pied*, ont pouvoir de suspendre, modifier et refuser les édits. V. Mém. du duc de Névers, Paris 1665, tom. 1, p. 444.

» La guerre n'a pas seulement été faite à votre peuple par des soldats enrôlés et levés sous vos commissions, mais aussi par une autre sorte d'ennemis..... Ce sont, Sire, les partisans qui ont épuisé vos finances et nous ont mis à la besace ; ce sont les inventeurs des subsides et édits nouveaux, vermines d'hommes et couvées de harpies écloses en une nuit..... Ils marchent orgueilleux et en crédit, le sergent en croupe, pour exécuter, à leur mot, vos sujets. Plaintes des Etats de 1588. V. recueil des Etats, art. 2, p. 208.

Du crime de lèze-Majesté.

XLVIII. Le crime de lèze-Majesté comprend l'attentat à la personne du Roi, la reconnaissance d'un usurpateur du trône, les mouvemens séditieux les armes à la main, et toute intelligence avec les ennemis.

Ce crime est puni de mort et de la confiscation des biens (a).

(a) Si quis homo regi non fidelis extiterit, de vitâ componat et omnes res ejus fisco censeantur. Lois Ripuaires, tom. 69.

    Mos erat antiquus francorum semper, et instat..........
    Ut quicumque fidem regi servare perennem...............
....
    Detestatur enim Francia hocce nefas.

Extrait d'un poëme d'un auteur contemporain de Louis le Pieux.

Si quis in urbe coëtiones, nocte agitaverit, capite luito. Lois des douze Tables, art. 77.

Si quis hostem in populum romanum, seu patriam concitaverit, vel civem hosti tradiderit, capite luito. Id. q. s., art. 78.

Ne quis Romæ gereret magistratum, injussa populi, mortis pænâ propositâ qui contra fecerit et impunitate qui talem occiderit. Lois de Tarquin Collatin, art. 2.

Du serment (A) de fidélité au Roi.

XLIX. Tous les Français sans distinction, lorsqu'ils auront atteint l'âge de douze ans, feront serment de fidélité au Roi lors de son avènement à la couronne.

Ils contracteront l'obligation de renouveler ce serment toutes les fois que le Roi l'exigera (*a*).

L. Par le serment de fidélité, tous les Français s'engagent, sous peine de parjure, à ne jamais attenter à la sûreté ni aux prérogatives du Roi (*b*).

(A) Ad astringendam fidem, arctum, sanctum inviolatumque vinculum, jusjurandum esto. Lois des douze Tables, 10 tab., art. 81.

(*a*) Ille rex illi comiti.... Jubemus ut omnes pagenses vestros tam francos, romanos vel reliqua de gentibus *bannire* et locis congruis per civitates, vicos et castella congregare facietis; quatenùs præsente misso nostro..... fidelitatem..... filio nostro vel nobis..... per loca sanctorum... debeant promittere et conjurare. Marculf., form. 40, lib. 1.

(*b*) Quantùm sciero et potuero, domino adjuvante, absque ullâ dolositate aut seductione et consilio et auxilio secundum meum auxilium et secundum meam personam fidelis vobis adjutor ero ut illam poestatem...... quam vobis Deus concessit..... cum debito honore et vigore tenere et gubernare possitis et pro ullo homine non me indè traham quantùm Deus mihi intellectum et possibilitatem donaverit. — Serment de fidélité fait à Charles-le-Chauve, rapporté au Capit. de l'an 858, tom. 26, v. Baluze, tom. 2, p. 99.

De la loi Constitutionnelle.

LI. Les lois et les ordonnances, rendues par le Roi dans les formes prescrites, sont susceptibles d'être changées, modifiées ou rapportées.

La constitution qui réunit les lois fondamentales du Royaume est immuable (*a*).

(*a*) Cette distinction a été faite par M. le Premier Président de Harlay, dans le lit de justice de 1586. V. OEuvres de Duvair.

Un autre Premier Président s'exprima en ces termes devant Louis XIII : « Dans la désignation des ordonnances qui s'observent en ce Royaume, nous usons de distinction ; car nous appelons les unes, les lois et ordonnances des rois, et les autres du Royaume. Celles que nous appelons royales, peuvent être changées par les rois ; et il n'est pas sans exemple que selon la variété des temps, la nécessité ou commodité des affaires, il y ait diversité de lois, parce qu'elles sont mortelles comme les rois. Mais pour ce qui est des lois du Royaume, elles sont immortelles...... V. Trésor des harangues, Paris 1668, art. 2, p. 198.

» Oui sans doute la société est un contrat, mais
» un contrat d'un ordre bien supérieur. Tous ceux
» que l'on passe dans le cours de la vie pour des
» intérêts particuliers ou pour des objets momentanés
» et que l'occasion fait naître, on peut les dissoudre
» à plaisir. Mais faudra-t-il considérer l'Etat sous les
» mêmes rapports qu'un traité de commerce...? C'est
» avec un autre sentiment de respect que l'on doit
» envisager l'Etat ; parce que ce genre d'association

» n'a pas pour objet ces choses qui ne servent qu'à
» l'existence animale et grossière d'une nature péris-
» sable et fugitive. C'est la société de toutes les sciences,
» la société de tous les arts, la société de toutes les
» vertus et de toutes les perfections ; et comme les gains
» d'une telle société ne peuvent pas s'obtenir dans le
» cours de plusieurs générations, cette société devient
» celle, non seulement de ceux qui existent, mais
» elle est un contrat entre ceux qui vivent, entre
» ceux qui sont à naître, et entre ceux qui sont morts.....
» Chaque contrat, dans chaque Etat particulier, n'est
» qu'une clause dans le grand contrat primitif d'une
» société éternelle qui compose une seule chaîne de
» tous les anneaux de différentes natures, qui met
» en connexion le monde visible avec le monde in-
» visible, conformément à un pacte fixé, sanctionné
» par le serment inviolable qui maintient toutes les
» natures physiques et morales, chacune dans les places
» qui leur ont été assignées : une loi si sublime ne
» peut pas être soumise à la volonté de ceux qui sont,
» par une obligation qui leur est infiniment supérieure,
» forcés eux-mêmes à y soumettre leur volonté. Les
» corporations municipales de ce royaume universel
» n'ont ni la liberté, ni le loisir, en se livrant aux
» aperçus d'une amélioration fortuite, d'altérer et de
» détruire le système d'organisation de chaque com-
» munauté qui leur est subordonnée, et de la réduire
» au cahos anti-social, anti-civil et confus de tous les
» principes élémentaires ».

V. Réflexions sur la révolution de France, par
Edmond Burke, *trad. franç.*, pag. 261 et suivantes.